Impressum
Verlag: BABADADA GmbH, Nedderfeld 112 , 22529 Hamburg
Geschäftsführer / Verlagsleitung: Harald Hof
Druck: Books on Demand GmbH, In de Tarpen 42, 22848 Norderstedt

Imprint
Publisher: BABADADA GmbH, Nedderfeld 112 , 22529 Hamburg, Germany
Managing Director / Publishing direction: Harald Hof
Print: Books on Demand GmbH, In de Tarpen 42, 22848 Norderstedt

Schule

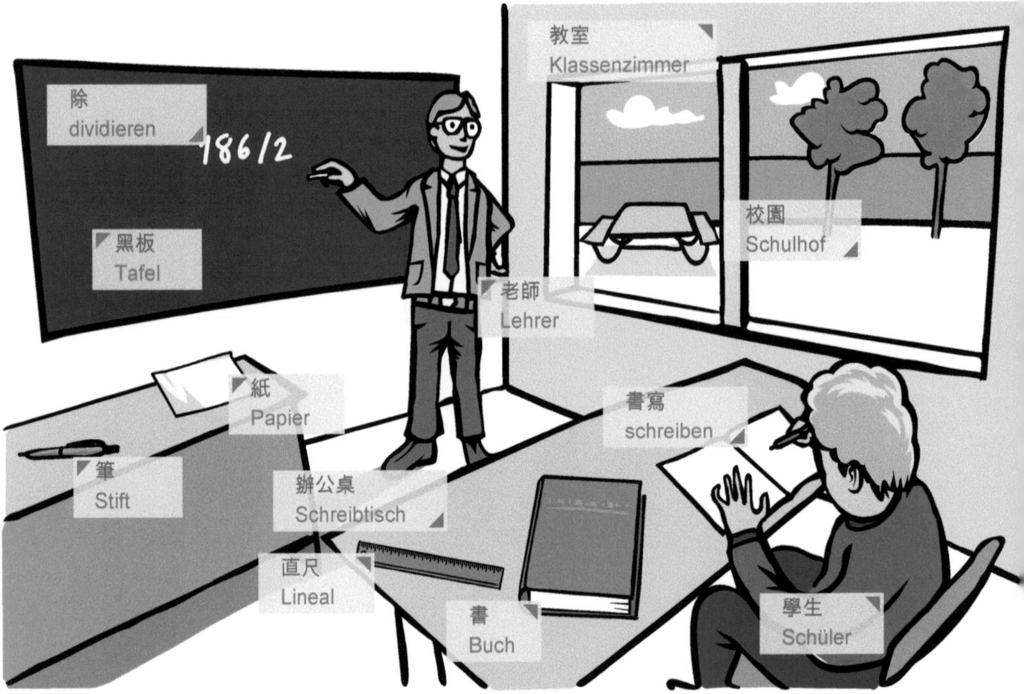
教室
Klassenzimmer
除
dividieren
186/2
黑板
Tafel
校園
Schulhof
老師
Lehrer
紙
Papier
書寫
schreiben
筆
Stift
辦公桌
Schreibtisch
直尺
Lineal
書
Buch
學生
Schüler

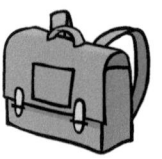

書包

Ranzen

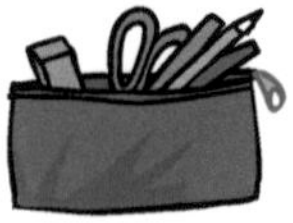

鉛筆盒

Federmappe

鉛筆

Bleistift

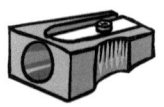

削鉛筆機

Bleistiftanspitzer

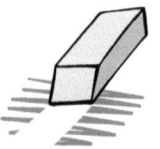

橡皮擦

Radiergummi

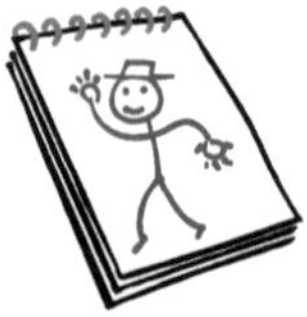

畫板

Zeichenblock

圖畫
Zeichnung

畫筆
Pinsel

顏料盒
Malkasten

剪刀
Schere

膠水
Klebstoff

練習冊
Übungsheft

家庭作業
Hausaufgabe

數字
Zahl

加
addieren

減
subtrahieren

乘
multiplizieren

計算
rechnen

字母
Buchstabe

字母表
Alphabet

字
Wort

課文
Text

讀
lesen

粉筆
Kreide

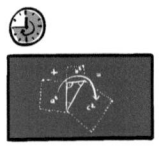

上課
Stunde

登記
Klassenbuch

考試
Prüfung

證書
Zeugnis

校服
Schuluniform

教育
Ausbildung

百科全書
Lexikon

大學
Universität

顯微鏡
Mikroskop

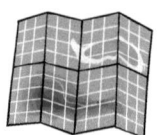

地圖
Karte

廢紙簍
Papierkorb

旅行

Reise

飯店
Hotel
Grand
青年旅社
Herberge
ROOMS
外幣兌換處
Wechselstube
EXCHANGE
手提箱
Koffer
汽車
Auto

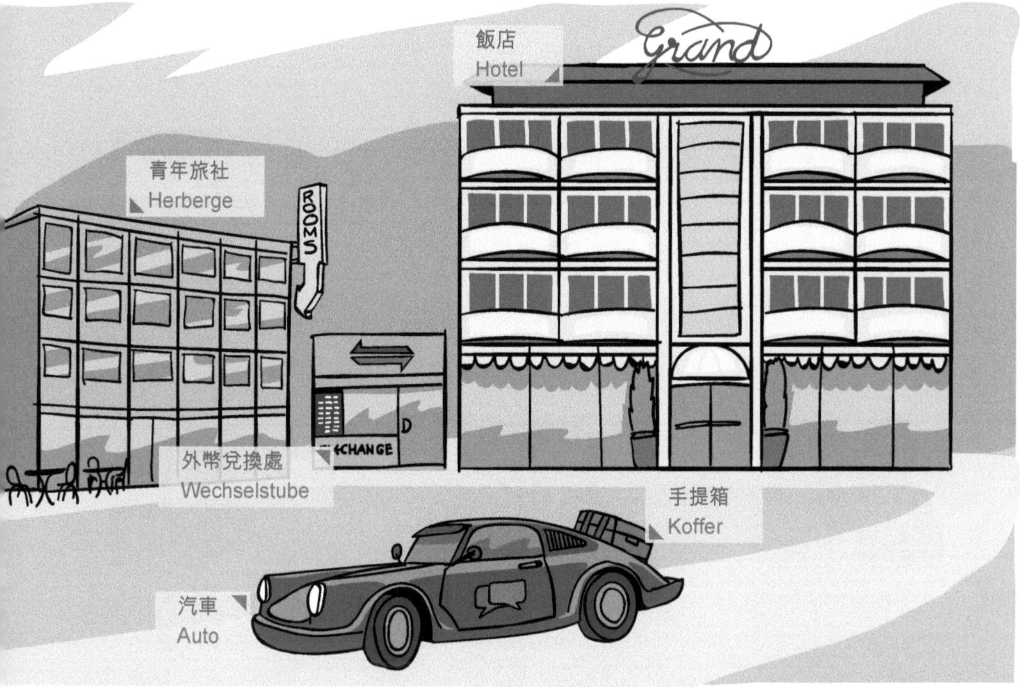

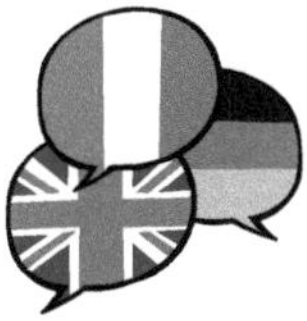

語言

Sprache

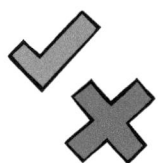

是/否

ja / nein

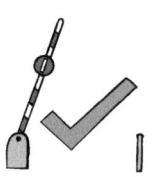

好的

Okay

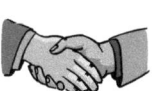

您好

Hallo

翻譯人員

Übersetzer

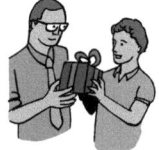

謝謝

Danke

……多少錢？

Was kostet…?

我不明白

Ich verstehe nicht

問題

Problem

晚上好！

Guten Abend!

早上好！

Guten Morgen!

晚安！

Gute Nacht!

再見

Auf Wiedersehen

方向

Richtung

行李

Gepäck

包

Tasche

背包

Rucksack

客人

Gast

房間

Zimmer

睡袋

Schlafsack

帳篷

Zelt

旅行資訊

Touristeninformation

海灘

Strand

信用卡

Kreditkarte

早餐

Frühstück

午餐

Mittagessen

晚餐

Abendessen

票

Fahrkarte

電梯

Fahrstuhl

郵票

Briefmarke

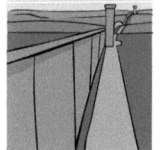

邊界

Grenze

海關

Zoll

大使館

Botschaft

簽證

Visum

護照

Pass

交通運送
Transport

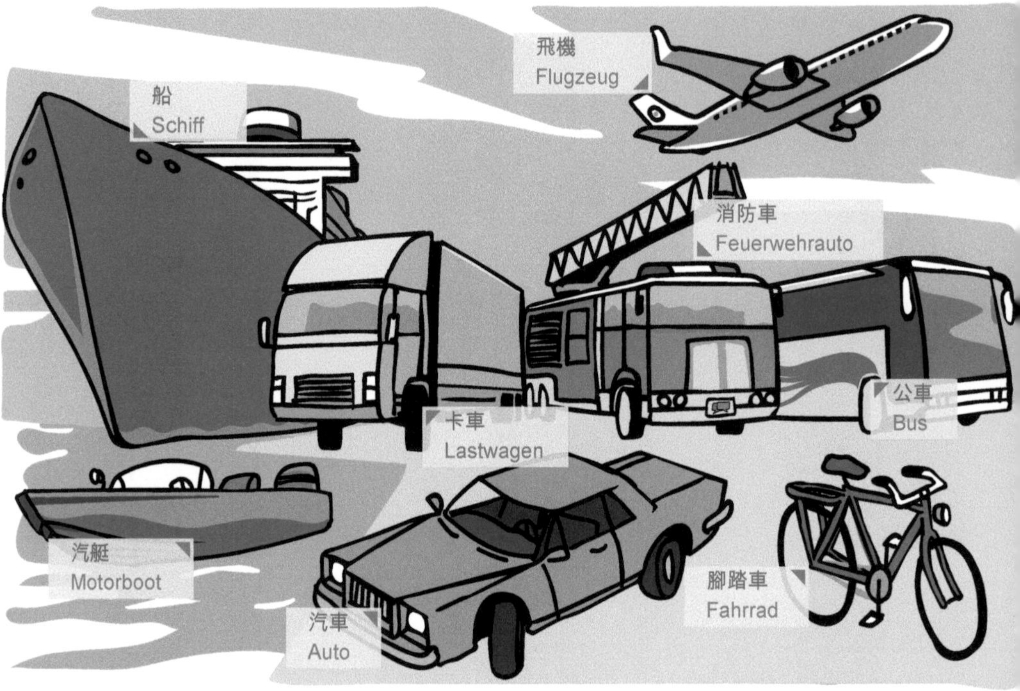
飛機
Flugzeug
船
Schiff
消防車
Feuerwehrauto
公車
Bus
卡車
Lastwagen
汽艇
Motorboot
腳踏車
Fahrrad
汽車
Auto

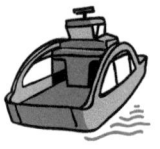

渡輪

Fähre

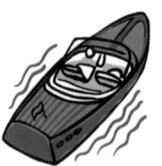

小船

Boot

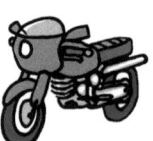

機車

Motorrad

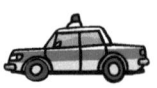

警車

Polizeiauto

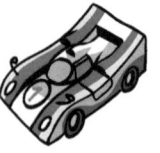

賽車

Rennauto

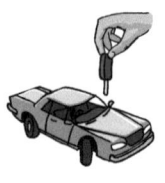

租車

Mietwagen

拼車
Carsharing

拖車
Abschleppwagen

垃圾車
Müllauto

馬達
Motor

汽油
Kraftstoff

加油站
Tankstelle

交通標識
Verkehrsschild

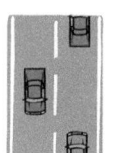

交通
Verkehr

交通堵塞
Stau

停車場
Parkplatz

火車站
Bahnhof

軌道
Schienen

火車
Zug

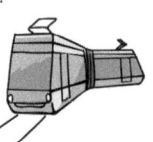

路面電車
Straßenbahn

客車廂
Wagon

直升機
Helikopter

機場
Flughafen

塔
Tower

乘客
Passagier

集裝箱
Container

紙板箱
Karton

手推車
Karren

籃子
Korb

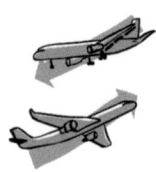

起飛/降落
starten / landen

城市

Stadt

村莊
Dorf

市中心
Stadtzentrum

房子
Haus

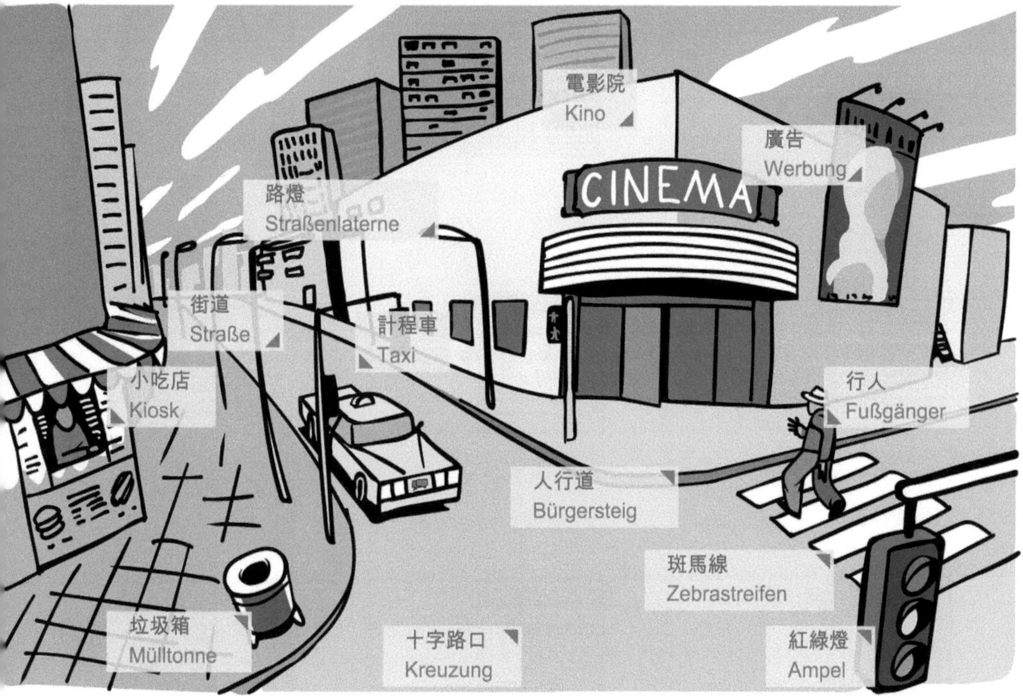
電影院
Kino
廣告
Werbung
CINEMA
路燈
Straßenlaterne
街道
Straße
計程車
Taxi
小吃店
Kiosk
行人
Fußgänger
人行道
Bürgersteig
斑馬線
Zebrastreifen
垃圾箱
Mülltonne
十字路口
Kreuzung
紅綠燈
Ampel

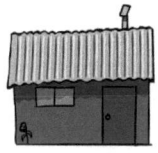

小屋

Hütte

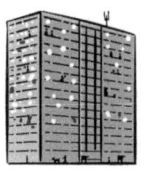

公寓

Wohnung

火車站

Bahnhof

市政廳

Rathaus

MUSEUM

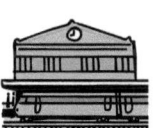

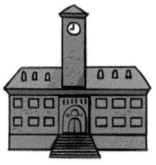

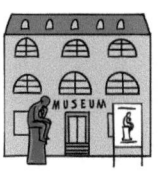

博物館

Museum

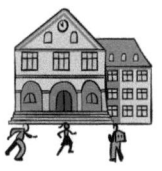

學校

Schule

大學

Universität

銀行

Bank

醫院

Krankenhaus

飯店

Hotel

藥房

Apotheke

辦公室

Büro

書店

Buchhandlung

商店

Geschäft

花店

Blumenladen

超市

Supermarkt

市場

Markt

百貨商店

Kaufhaus

魚店

Fischhändler

購物中心

Einkaufszentrum

海港

Hafen

公園
Park

長凳
Bank

橋
Brücke

樓梯
Treppe

捷運
U-Bahn

隧道
Tunnel

公車站
Bushaltestelle

酒吧
Bar

餐館
Restaurant

郵筒
Briefkasten

路標
Straßenschild

停車計時器
Parkuhr

動物園
Zoo

游泳池
Badeanstalt

清真寺
Moschee

農場
Bauernhof

污染
Umweltverschmutzung

墓地
Friedhof

教堂
Kirche

操場
Spielplatz

寺廟
Tempel

地形

Landschaft

樹葉
Blatt

指示牌
Wegweiser

路
Weg

草地
Wiese

石頭
Stein

樹
Baum

徒步旅行者
Wanderer

河
Fluss

草
Gras

花
Blume

峽谷
Tal

丘陵
Berg

湖
See

森林
Wald

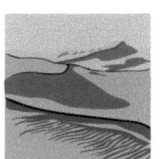

沙漠
Wüste

火山
Vulkan

城堡
Schloss

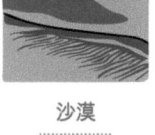

彩虹
Regenbogen

蘑菇
Pilz

棕櫚樹
Palme

蚊子
Moskito

蒼蠅
Fliege

螞蟻
Ameise

蜜蜂
Biene

蜘蛛
Spinne

甲蟲

Käfer

青蛙

Frosch

松鼠

Eichhörnchen

刺蝟

Igel

野兔

Hase

貓頭鷹

Eule

鳥

Vogel

天鵝

Schwan

野豬

Wildschwein

鹿

Hirsch

麋鹿

Elch

水壩

Staudamm

風力發電機

Windrad

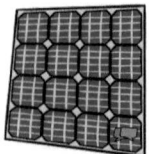

太陽能電池板

Solarmodul

氣候

Klima

餐館
Restaurant

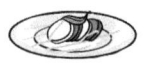

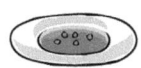

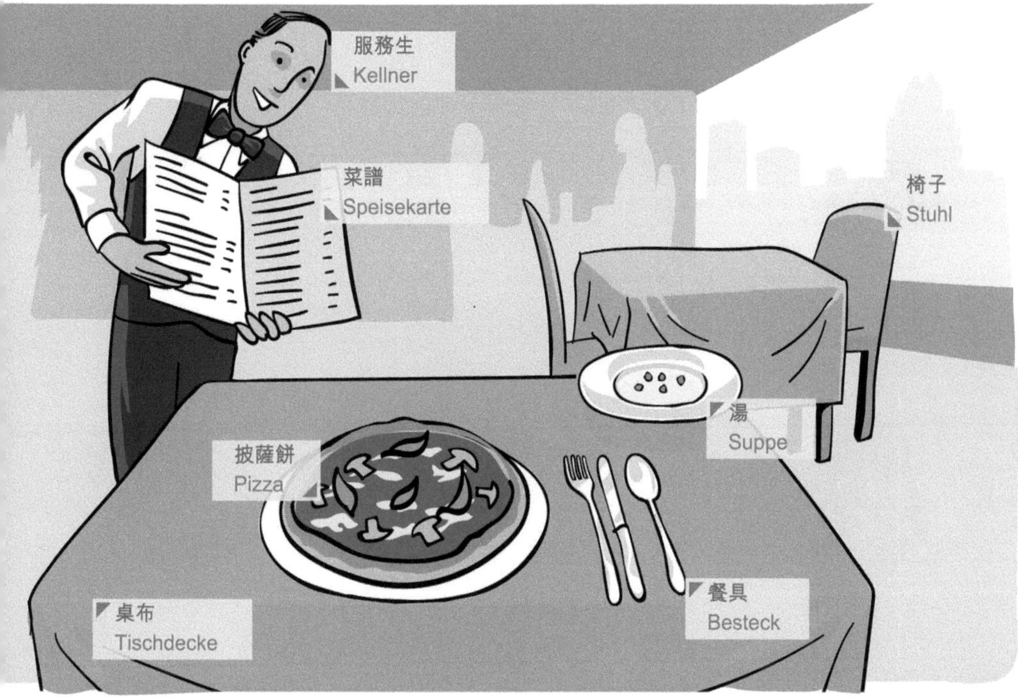
服務生
Kellner
菜譜
Speisekarte
椅子
Stuhl
湯
Suppe
披薩餅
Pizza
餐具
Besteck
桌布
Tischdecke

前菜

Vorspeise

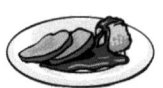

主菜

Hauptgericht

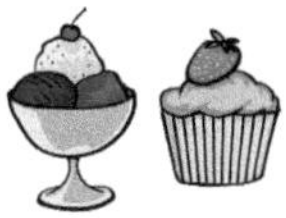

甜點

Nachspeise

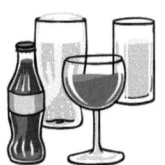

飲料

Getränke

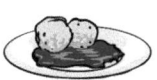

食物

Essen

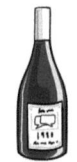

瓶子

Flasche

速食

Fastfood

街邊小吃

Streetfood

茶壺

Teekanne

糖盒

Zuckerdose

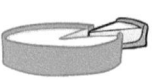

一份飯菜

Portion

義式咖啡機

Espressomaschine

高腳椅

Hochstuhl

帳單

Rechnung

托盤

Tablett

刀

Messer

餐叉

Gabel

勺子

Löffel

茶匙

Teelöffel

餐巾

Serviette

玻璃杯

Glas

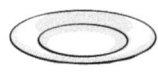

碟子
Teller

湯盤
Suppenteller

碟子
Untertasse

醬
Sauce

鹽瓶
Salzstreuer

胡椒研磨罐
Pfeffermühle

醋
Essig

食用油
Öl

調味料
Gewürze

番茄醬
Ketchup

芥末
Senf

美乃滋
Mayonnaise

超市
Supermarkt

特價
Angebot
FOR
顧客
Kunde
乳製品
Milchprodukte
水果
Obst
購物車
Einkaufswagen

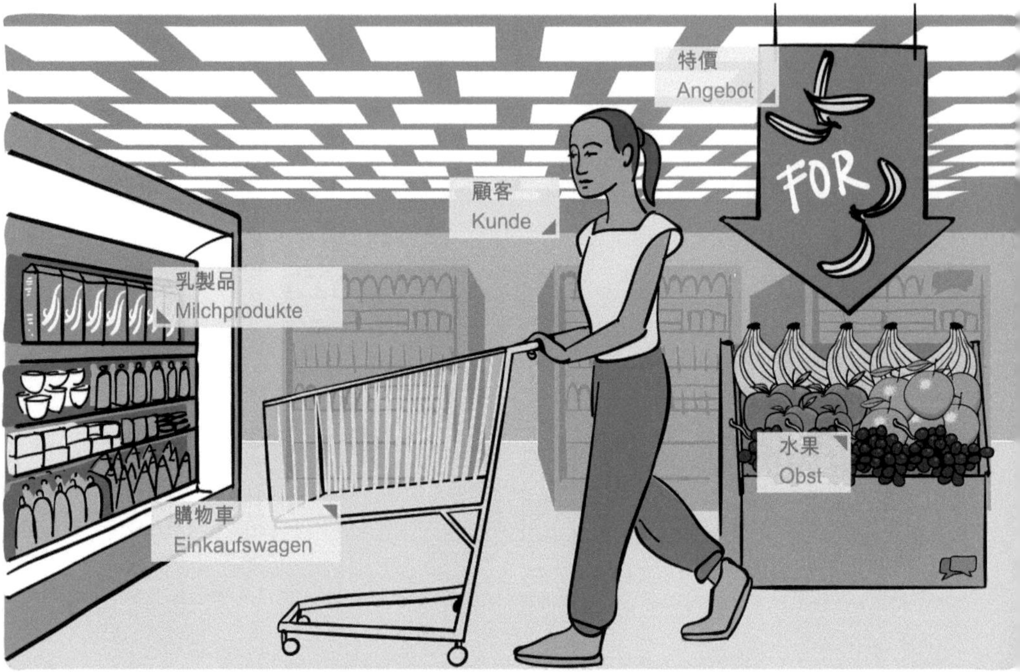

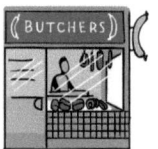

BUTCHERS

肉鋪

Schlachterei

BAKERY

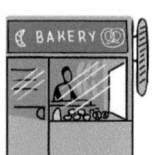

麵包店

Bäckerei

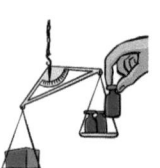

稱重

wiegen

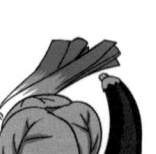

蔬菜

Gemüse

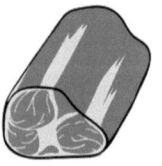

肉

Fleisch

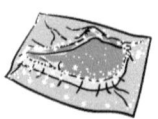

冷凍食品

Tiefkühlkost

冷盤

Aufschnitt

罐頭食品

Konserven

洗衣粉

Waschmittel

甜食

Süßigkeiten

日用品

Haushaltsartikel

清潔用品

Reinigungsmittel

銷售員

Verkäuferin

收銀機

Kasse

收銀員

Kassierer

購物清單

Einkaufsliste

開放時間

Öffnungszeiten

錢包

Brieftasche

信用卡

Kreditkarte

袋子

Tasche

塑膠袋

Plastiktüte

超市 - Supermarkt

水

Wasser

果汁

Saft

牛奶

Milch

可樂

Cola

紅酒

Wein

啤酒

Bier

酒

Alkohol

可可

Kakao

茶

Tee

咖啡

Kaffee

義式濃縮咖啡

Espresso

卡布奇諾

Cappuccino

香蕉

Banane

蘋果

Apfel

柳丁

Orange

西瓜

Melone

檸檬

Zitrone

胡蘿蔔

Karotte

大蒜

Knoblauch

竹子

Bambus

洋蔥

Zwiebel

蘑菇

Pilz

堅果

Nüsse

麵條

Nudeln

義大利麵

Spaghetti

米飯

Reis

沙拉

Salat

薯條

Pommes frites

炸馬鈴薯

Bratkartoffeln

披薩餅

Pizza

漢堡

Hamburger

三明治

Sandwich

炸豬排

Schnitzel

火腿

Schinken

義大利臘腸

Salami

香腸

Wurst

雞肉

Huhn

烤肉

Braten

魚

Fisch

燕麥片

Haferflocken

木斯里

Müsli

玉米片

Cornflakes

麵粉

Mehl

牛角麵包

Croissant

麵包捲

Brötchen

麵包

Brot

吐司

Toast

餅乾

Kekse

奶油

Butter

凝乳

Quark

蛋糕

Kuchen

蛋

Ei

煎蛋

Spiegelei

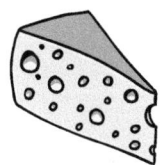

起司

Käse

冰淇淋

Eiscreme

糖

Zucker

蜂蜜

Honig

果醬

Marmelade

巧克力醬

Nougat-Creme

咖哩

Curry

農場
Bauernhof

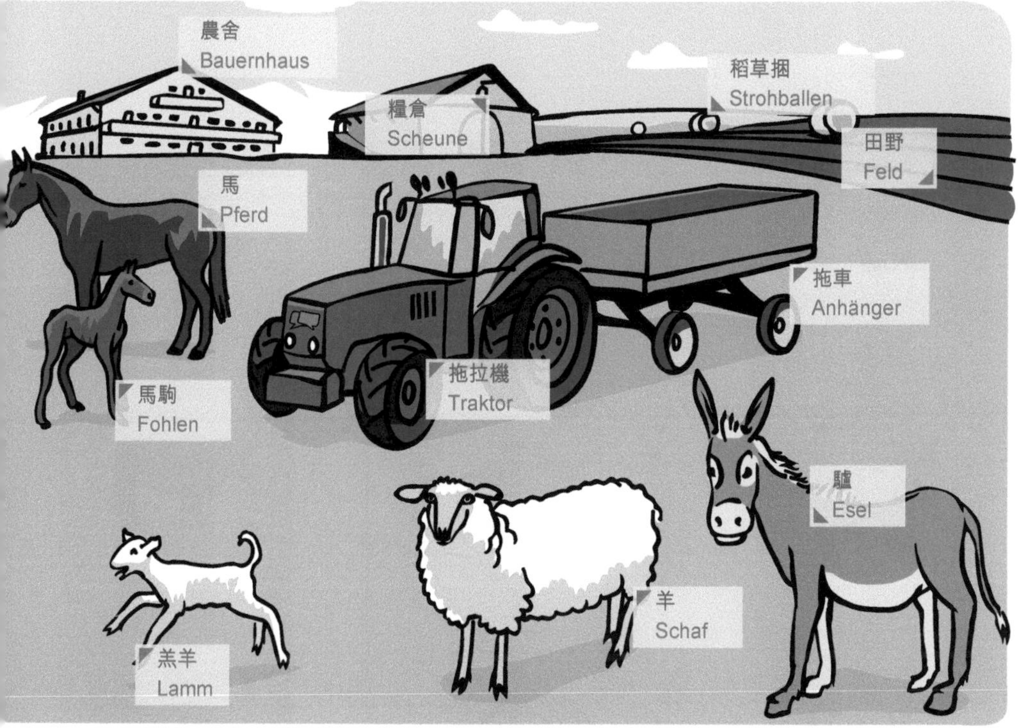

農舍
Bauernhaus
稻草捆
Strohballen
糧倉
Scheune
田野
Feld
馬
Pferd
拖車
Anhänger
拖拉機
Traktor
馬駒
Fohlen
驢
Esel
羊
Schaf
羔羊
Lamm

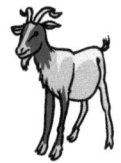

山羊

Ziege

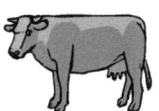

奶牛

Kuh

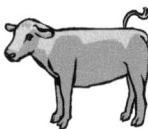

小牛

Kalb

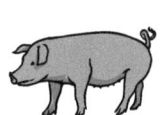

豬

Schwein

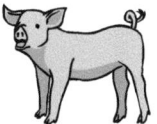

小豬

Ferkel

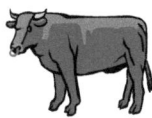

公牛

Bulle

鵝

Gans

鴨
Ente

小雞
Küken

母雞
Huhn

公雞
Hahn

鼠
Ratte

貓
Katze

老鼠
Maus

牛
Ochse

狗
Hund

狗屋
Hundehütte

花園澆水軟管
Gartenschlauch

澆水壺
Gießkanne

長柄大鐮刀
Sense

犁
Pflug

鐮刀

Sichel

鋤頭

Hacke

長柄草耙

Mistgabel

斧頭

Axt

獨輪手推車

Schubkarre

飼料槽

Trog

牛奶罐

Milchkanne

麻布袋

Sack

柵欄

Zaun

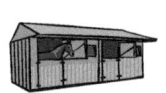

馬廄

Stall

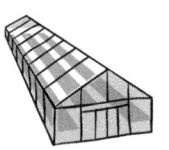

溫室

Treibhaus

土壤

Boden

種子

Saat

肥料

Dünger

聯合收割機

Mähdrescher

收割

ernten

收割

Ernte

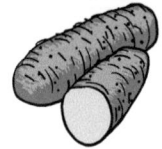

地瓜

Yamswurzel

小麥

Weizen

大豆

Soja

土豆

Kartoffel

玉米

Mais

油菜籽

Raps

果樹

Obstbaum

樹薯

Maniok

穀物

Getreide

房子

Haus

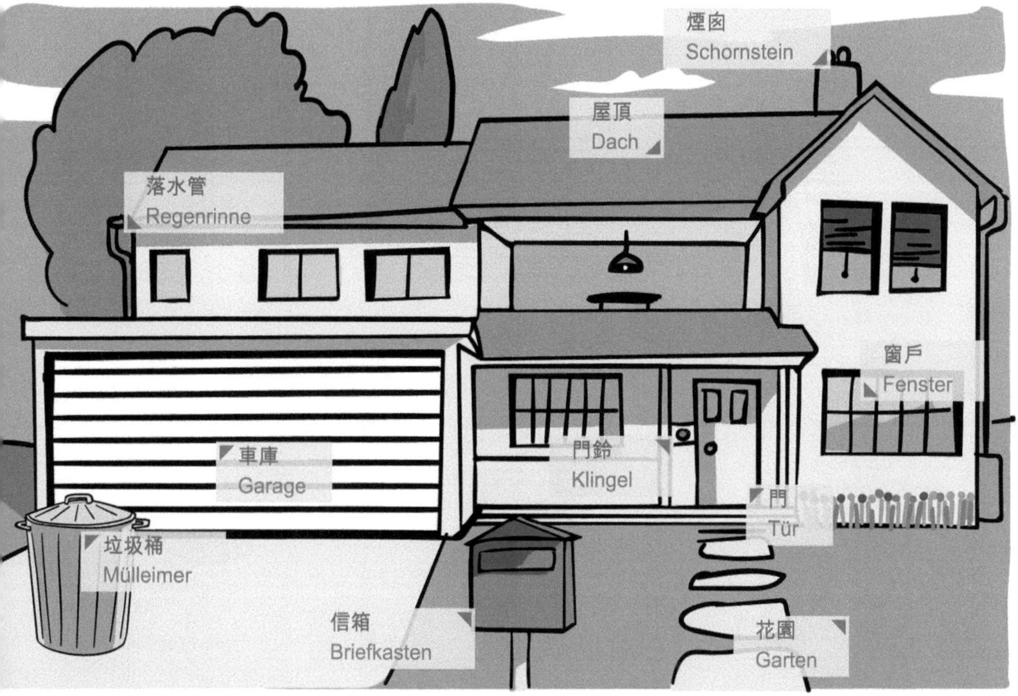
煙囪
Schornstein
屋頂
Dach
落水管
Regenrinne
窗戶
Fenster
車庫
Garage
門鈴
Klingel
門
Tür
垃圾桶
Mülleimer
信箱
Briefkasten
花園
Garten

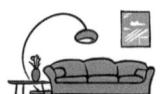

客廳

Wohnzimmer

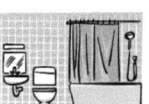

浴室

Badezimmer

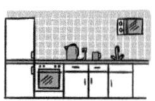

廚房

Küche

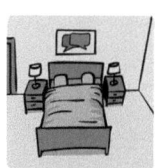

臥室

Schlafzimmer

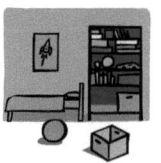

兒童房

Kinderzimmer

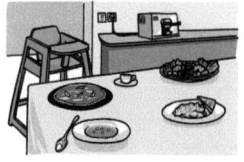

餐廳

Esszimmer

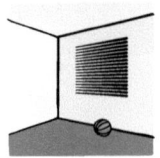

地板
Boden

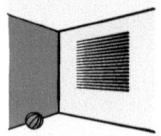

牆壁
Wand

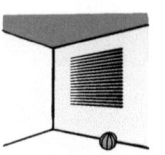

天花板
Decke

地窖
Keller

三溫暖
Sauna

陽臺
Balkon

露臺
Terrasse

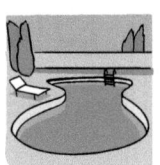

游泳池
Schwimmbad

割草機
Rasenmäher

被單
Bettbezug

床罩
Bettdecke

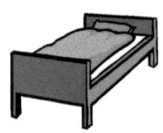

床
Bett

掃帚
Besen

水桶
Eimer

開關
Schalter

客廳

Wohnzimmer

壁紙
Tapete
相片
Bild
檯燈
Lampe
擱架
Regal
櫥櫃
Schrank
電視
Fernseher
壁爐
Kamin
花
Blume
墊子
Kissen
沙發
Sofa
花瓶
Vase
遙控器
Fernbedienung

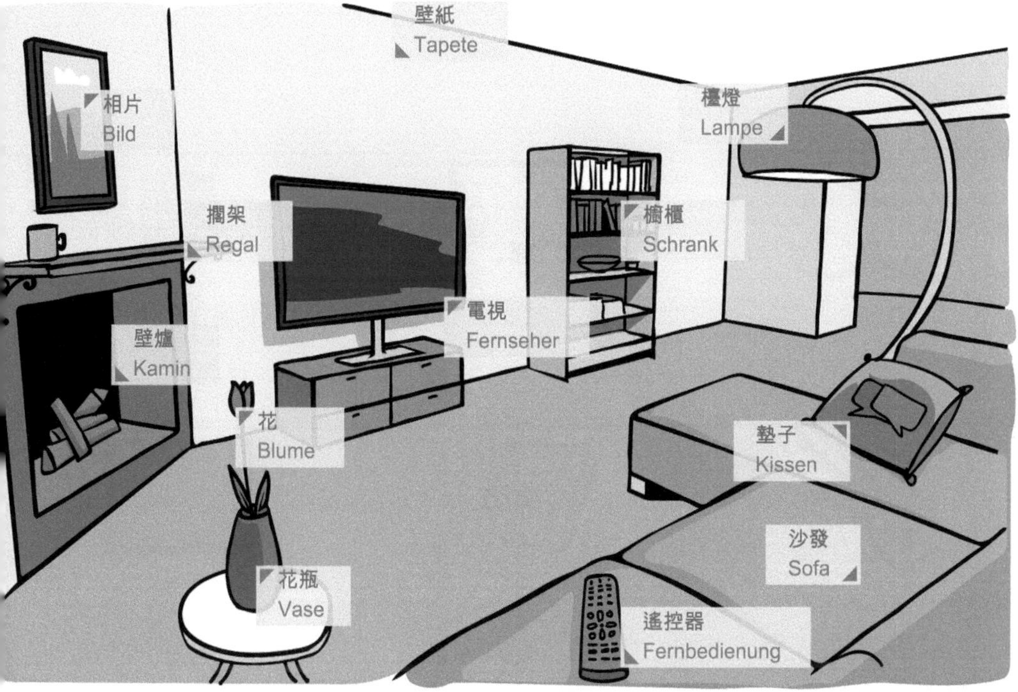

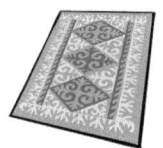

地毯

Teppich

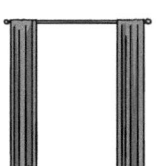

窗簾

Vorhang

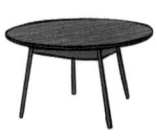

餐桌

Tisch

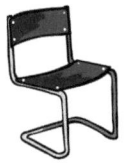

椅子

Stuhl

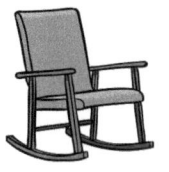

搖椅

Schaukelstuhl

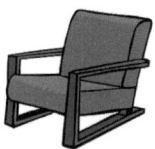

扶手椅

Sessel

書
Buch

毯子
Decke

裝飾品
Dekoration

木柴
Feuerholz

電影
Film

高傳真音響
Stereoanlage

鑰匙
Schlüssel

報紙
Zeitung

油畫
Gemälde

海報
Poster

收音機
Radio

筆記本
Notizblock

吸塵器
Staubsauger

仙人掌
Kaktus

蠟燭
Kerze

廚房
Küche

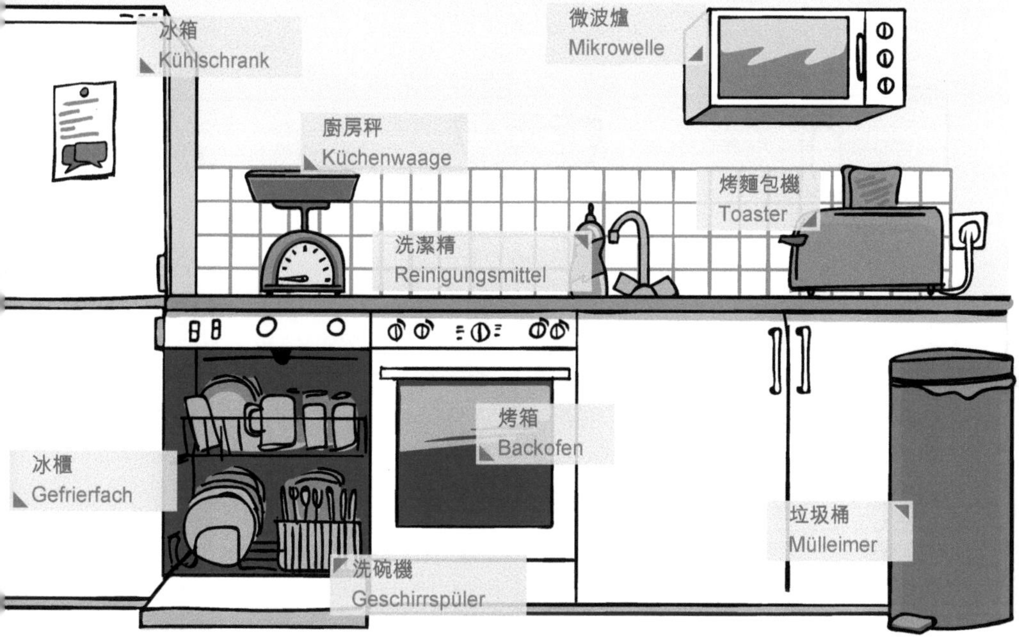

冰箱
Kühlschrank
微波爐
Mikrowelle
廚房秤
Küchenwaage
烤麵包機
Toaster
洗潔精
Reinigungsmittel
烤箱
Backofen
冰櫃
Gefrierfach
垃圾桶
Mülleimer
洗碗機
Geschirrspüler

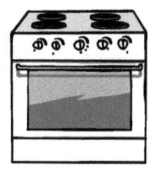

炊具
Herd

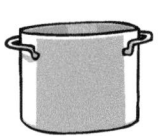

鍋
Topf

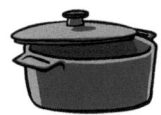

鑄鐵鍋
Eisentopf

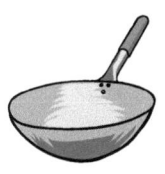

炒鍋
Wok / Kadai

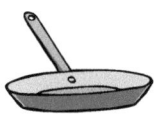

平底鍋
Pfanne

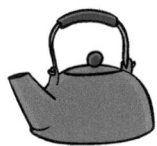

水壺
Wasserkocher

蒸鍋

Dampfgarer

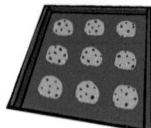

烤盤

Backblech

陶瓷鍋

Geschirr

馬克杯

Becher

碗

Schale

筷子

Essstäbchen

長柄勺

Suppenkelle

鏟子

Pfannenwender

攪拌器

Schneebesen

濾網

Kochsieb

篩子

Sieb

磨碎機

Reibe

研缽

Mörser

燒烤

Grill

明火

Feuerstelle

菜板
Schneidebrett

擀麵杖
Nudelholz

開瓶器
Korkenzieher

罐子
Dose

開罐器
Dosenöffner

隔熱手套
Topflappen

水槽
Waschbecken

刷子
Bürste

海綿
Schwamm

攪拌機
Mixer

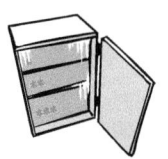

冷藏箱
Gefriertruhe

奶瓶
Babyflasche

水龍頭
Wasserhahn

浴室圖解，標示各項設備名稱：

- 供暖裝置 Heizung
- 淋浴 Dusche
- 毛巾 Handtuch
- 浴簾 Duschvorhang
- 泡沫浴 Schaumbad
- 浴缸 Badewanne
- 玻璃杯 Glas
- 洗衣機 Waschmaschine
- 水龍頭 Wasserhahn
- 瓷磚 Fliesen
- 便壺 Töpfchen
- 水槽 Waschbecken

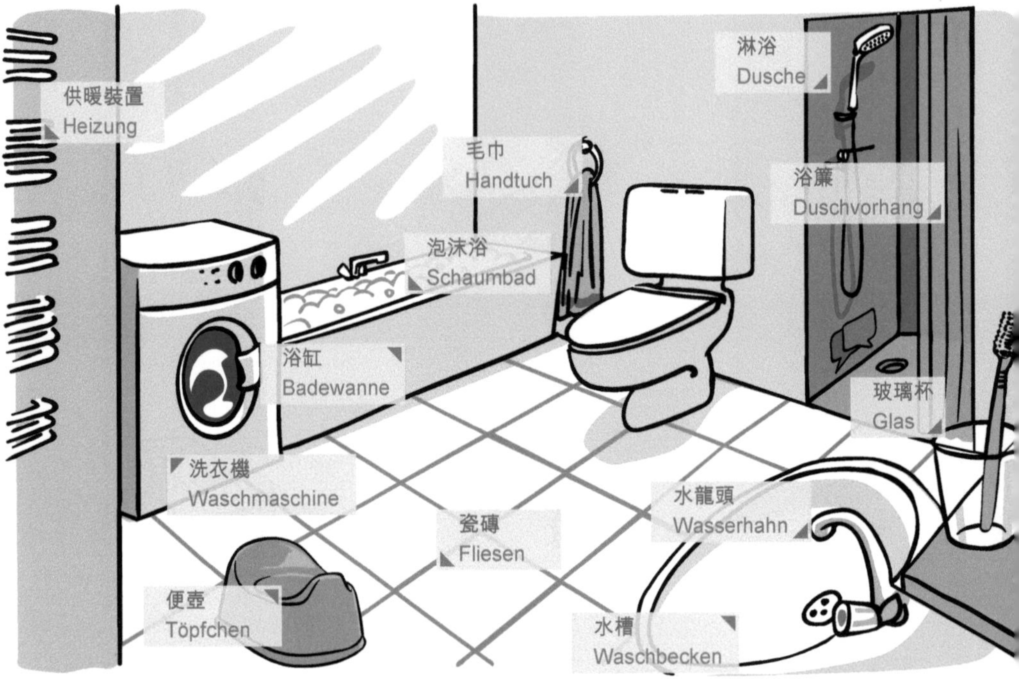

廁所
Toilette

蹲便器
Hocktoilette

坐浴器
Bidet

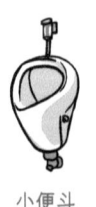

小便斗
Pissoir

廁紙
Toilettenpapier

馬桶刷
Toilettenbürste

牙刷
Zahnbürste

牙膏
Zahnpasta

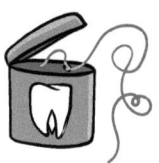

牙線
Zahnseide

洗
waschen

手持式蓮蓬頭
Handbrause

沖洗器
Intimdusche

洗臉盆
Waschschüssel

洗背刷
Rückenbürste

肥皂
Seife

沐浴露
Duschgel

洗髮乳
Shampoo

法蘭絨
Waschlappen

排水
Abfluss

乳霜
Creme

除臭劑
Deodorant

鏡子

Spiegel

手鏡

Kosmetikspiegel

刮鬍刀

Rasierer

刮鬍泡沫

Rasierschaum

鬍後水

Rasierwasser

梳子

Kamm

刷子

Bürste

吹風機

Föhn

噴髮定型劑

Haarspray

化妝品

Makeup

唇膏

Lippenstift

指甲油

Nagellack

化妝棉

Watte

指甲剪

Nagelschere

香水

Parfum

洗漱包

Kulturbeutel

凳子

Hocker

計重秤

Waage

浴袍

Bademantel

橡膠手套

Gummihandschuhe

衛生棉條

Tampon

衛生棉

Damenbinde

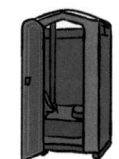

化學廁所

Chemietoilette

兒童房
Kinderzimmer

鬧鐘
Wecker
毛絨玩具
Kuscheltier
玩具車
Spielzeugauto
撥浪鼓
Rassel
玩具屋
Puppenhaus
禮物
Geschenk

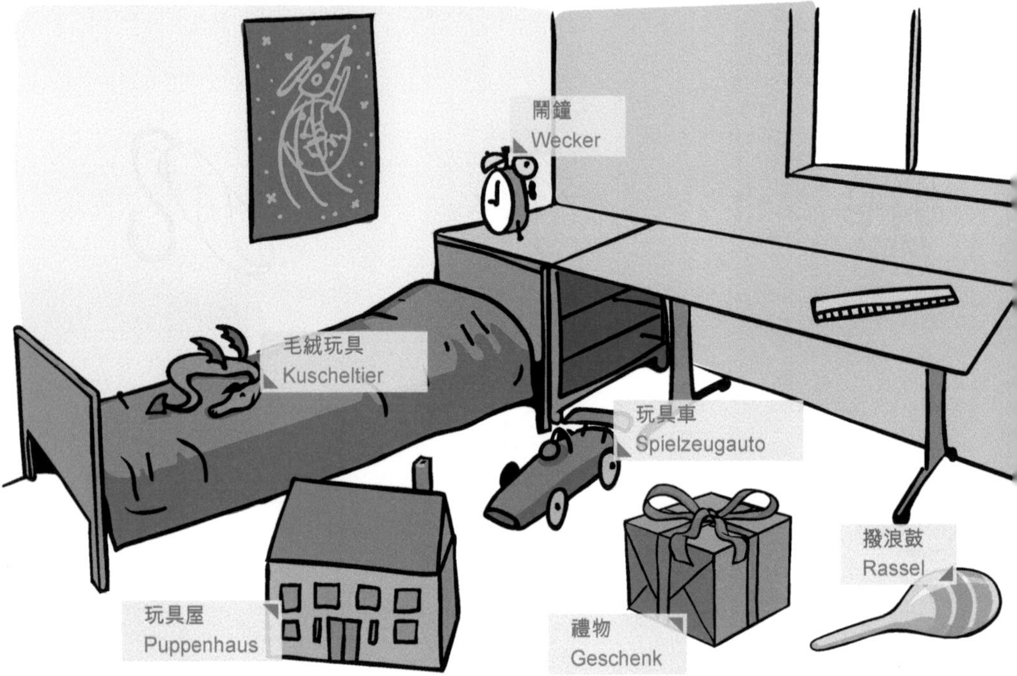

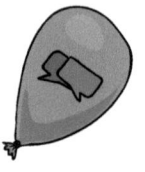

氣球

Ballon

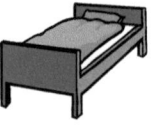

床

Bett

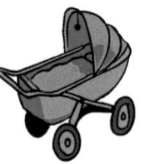

嬰兒車

Kinderwagen

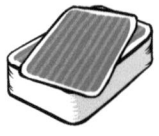

撲克牌

Kartenspiel

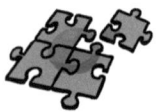

拼圖

Puzzle

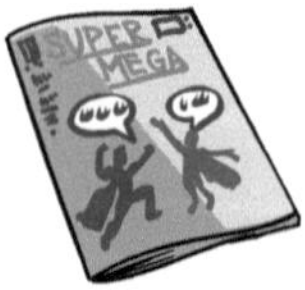

漫畫

Comic

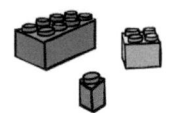

樂高積木
Legosteine

積木玩具
Bausteine

公仔
Action Figur

嬰兒服
Strampelanzug

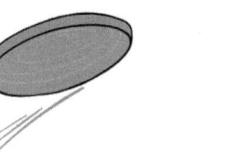

飛盤
Frisbee

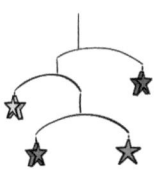

床鈴玩具
Mobile

棋盤遊戲
Brettspiel

骰子
Würfel

火車模型
Modelleisenbahn

安撫奶嘴
Schnuller

派對
Party

繪本
Bilderbuch

球
Ball

洋娃娃
Puppe

玩
spielen

沙坑
Sandkasten

鞦韆
Schaukel

玩具
Spielzeug

電玩遊戲
Spielkonsole

三輪車
Dreirad

泰迪熊
Teddy

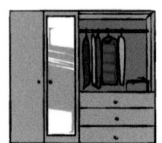

衣櫃
Kleiderschrank

衣服
Kleidung

襪子
Socken

長襪
Strümpfe

緊身褲
Strumpfhose

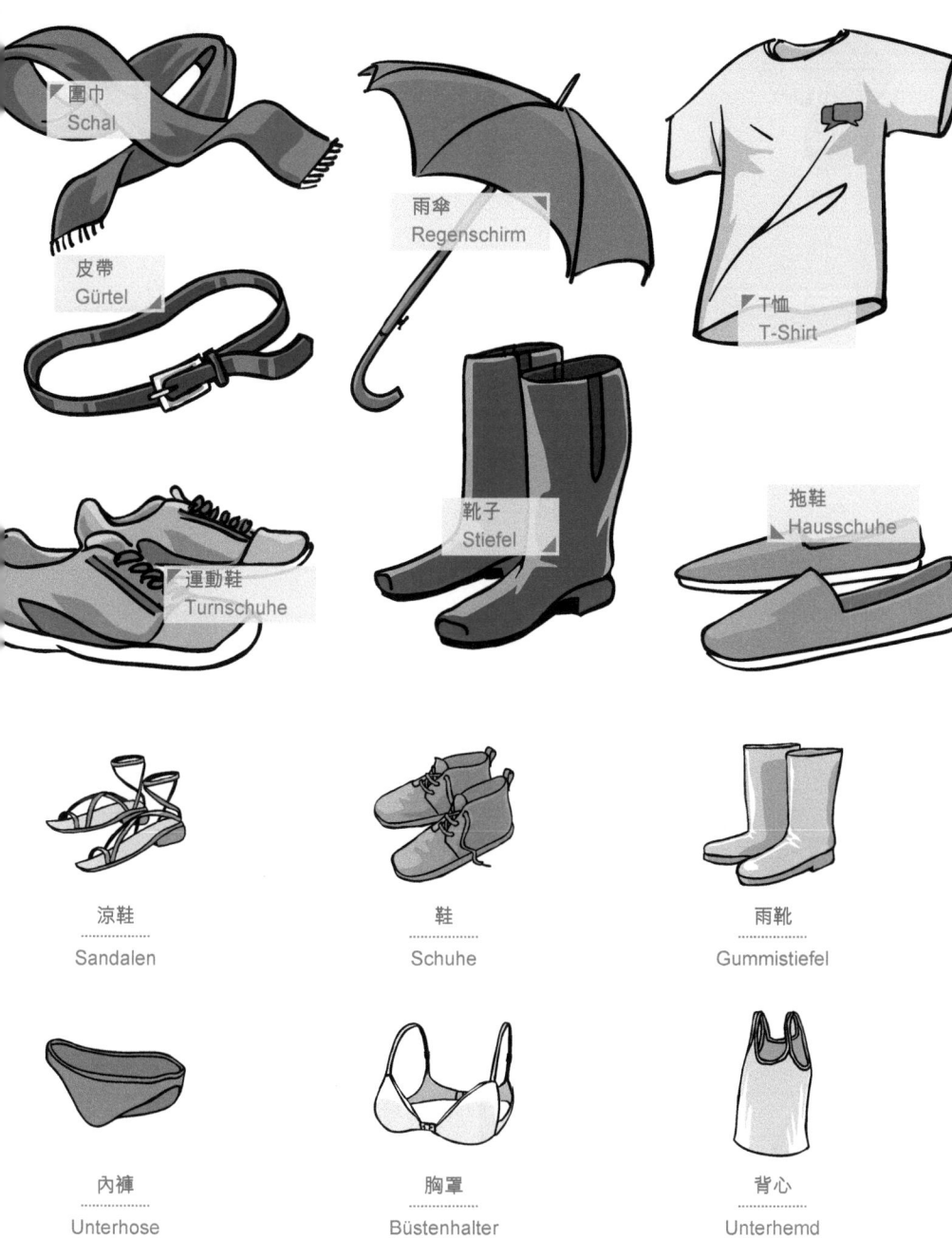

圍巾
Schal

雨傘
Regenschirm

T恤
T-Shirt

皮帶
Gürtel

靴子
Stiefel

拖鞋
Hausschuhe

運動鞋
Turnschuhe

涼鞋
Sandalen

鞋
Schuhe

雨靴
Gummistiefel

內褲
Unterhose

胸罩
Büstenhalter

背心
Unterhemd

身體
Body

褲子
Hose

牛仔褲
Jeans

短裙
Rock

女式襯衫
Bluse

襯衫
Hemd

套頭衫
Pullover

連帽上衣
Kapuzenpullover

西裝夾克
Blazer

夾克
Jacke

外套
Mantel

雨衣
Regenmantel

套裝
Kostüm

連衣裙
Kleid

婚紗
Hochzeitskleid

衣服 - Kleidung

西裝
Anzug

睡袍
Nachthemd

睡衣
Schlafanzug

莎麗
Sari

頭巾
Kopftuch

包頭巾
Turban

波卡
Burka

卡夫坦
Kaftan

(阿拉伯式)長袍
Abaya

泳衣
Badeanzug

男式泳褲
Badehose

短褲
Kurze Hose

運動服
Trainingsanzug

圍裙
Schürze

手套
Handschuhe

衣服 - Kleidung

鈕扣
Knopf

眼鏡
Brille

手鏈
Armband

項鍊
Halskette

戒指
Ring

耳環
Ohrring

便帽
Mütze

衣架
Kleiderbügel

帽子
Hut

領帶
Krawatte

拉鍊
Reißverschluss

安全帽
Helm

背帶
Hosenträger

校服
Schuluniform

制服
Uniform

圍兜
Lätzchen

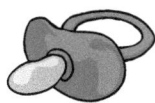

安撫奶嘴
Schnuller

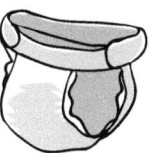

尿布
Windel

辦公室
Büro

伺服器
Server

檔案櫃
Aktenschrank

印表機
Drucker

螢幕
Monitor

紙
Papier

滑鼠
Maus

辦公桌
Schreibtisch

資料夾
Ordner

鍵盤
Tastatur

廢紙簍
Papierkorb

椅子
Stuhl

電腦
Computer

咖啡杯
Kaffeebecher

計算機
Taschenrechner

網際網路
Internet

筆記型電腦

Laptop

信件

Brief

簡訊

Nachricht

行動電話

Handy

網路

Netzwerk

影印機

Kopierer

軟體

Software

電話

Telefon

插座

Steckdose

傳真機

Fax

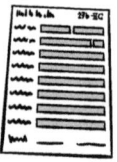

表格

Formular

檔案

Dokument

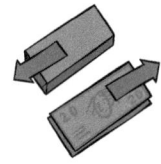

買
kaufen

付錢
bezahlen

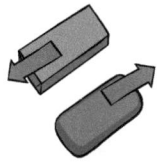

交易
handeln

現金
Geld

 **USD**

美元
Dollar

 **EUR**

歐元
Euro

 **JPY**

日元
Yen

 **RUB**

盧布
Rubel

 **CHF**

瑞士法郎
Franken

 **CNY**

人民幣
Renminbi Yuan

 **INR**

盧比
Rupie

提款處
Geldautomat

外幣兌換處
Wechselstube

金
Gold

銀
Silber

石油
Öl

能源
Energie

價格
Preis

合約
Vertrag

稅金
Steuer

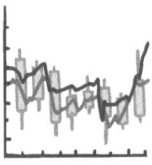

股票
Aktie

工作
arbeiten

職員
Angestellter

老闆
Arbeitgeber

工廠
Fabrik

商店
Geschäft

職業

Berufe

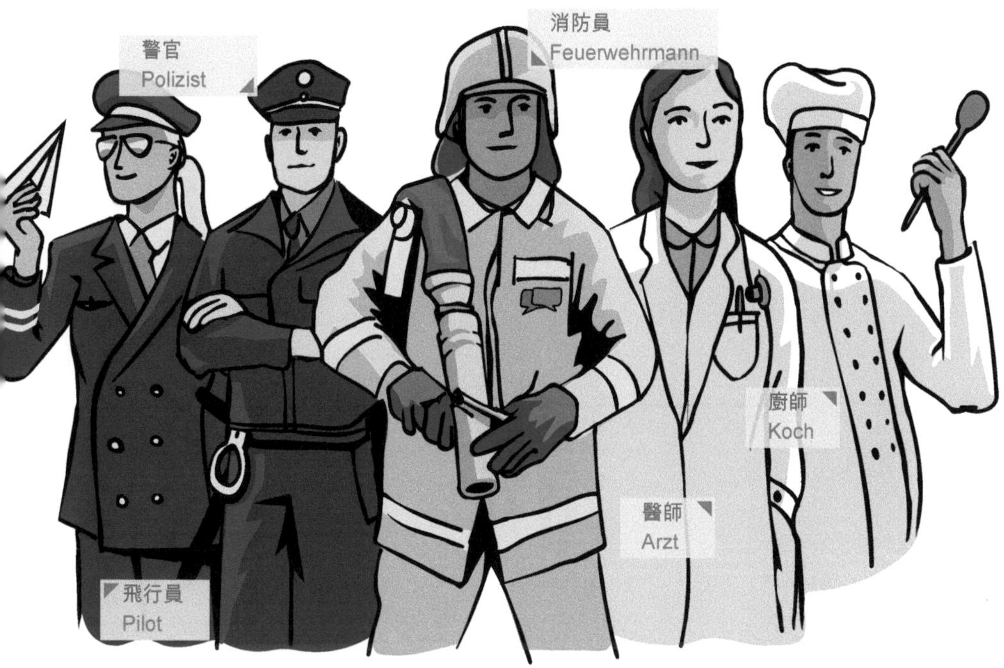

警官
Polizist
消防員
Feuerwehrmann
飛行員
Pilot
醫師
Arzt
廚師
Koch

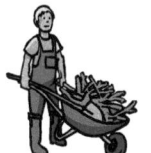

園丁

Gärtner

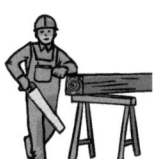

木匠

Tischler

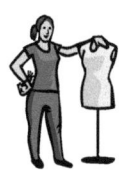

裁縫

Näherin

法官

Richter

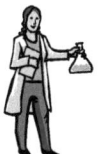

化學家

Chemiker

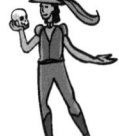

演員

Schauspieler

公車司機

Busfahrer

計程車司機

Taxifahrer

漁夫

Fischer

清洗女工

Putzfrau

屋頂工

Dachdecker

服務生

Kellner

獵人

Jäger

畫家

Maler

麵包師

Bäcker

電工

Elektriker

建築工人

Bauarbeiter

工程師

Ingenieur

屠夫

Schlachter

水管工

Klempner

郵差

Postbote

士兵
Soldat

建築師
Architekt

收銀員
Kassierer

花農
Florist

理髮師
Friseur

售票員
Schaffner

機械技師
Mechaniker

船長
Kapitän

牙醫
Zahnarzt

科學家
Wissenschaftler

拉比
Rabbi

伊瑪目
Imam

和尚
Mönch

牧師
Geistlicher

工具

Werkzeuge

鐵錘
Hammer
鉗子
Zange
螺絲起子
Schraubendreher
扳手
Schraubenschlüssel
手電筒
Taschenlampe

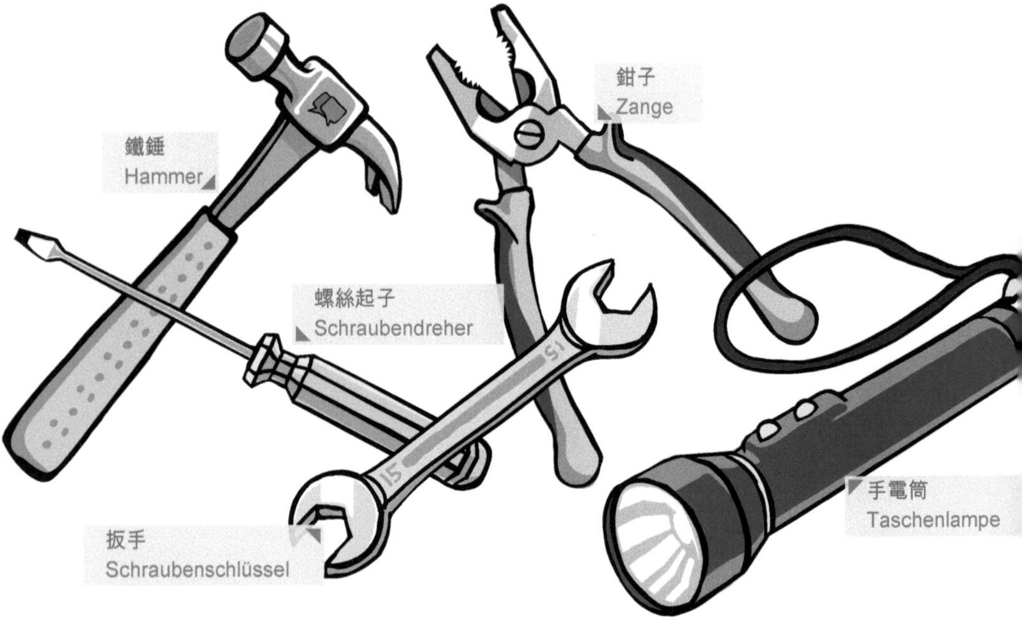

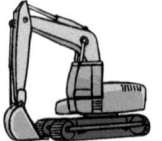

挖掘機

Bagger

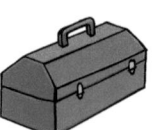

工具箱

Werkzeugkasten

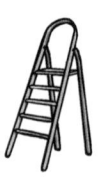

梯子

Leiter

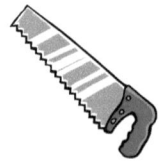

鋸子

Säge

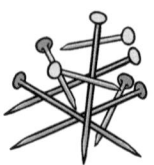

釘子

Nägel

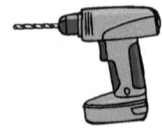

鑽機

Bohrer

修
reparieren

鏟子
Schaufel

糟糕！
Mist!

畚箕
Kehrblech

油漆桶
Farbtopf

螺絲
Schrauben

樂器

Musikinstrumente

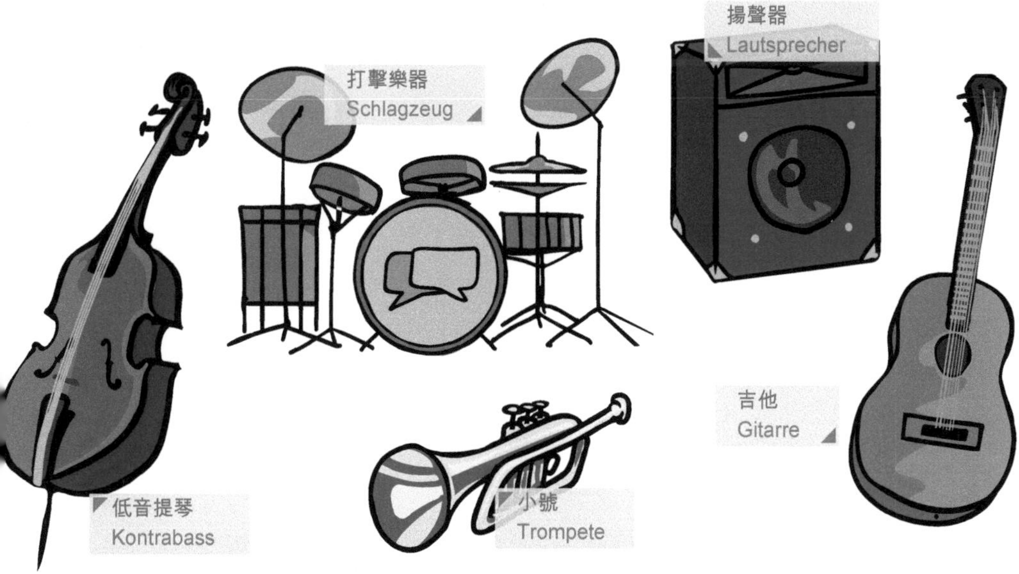

打擊樂器
Schlagzeug

揚聲器
Lautsprecher

吉他
Gitarre

低音提琴
Kontrabass

小號
Trompete

鋼琴

Klavier

小提琴

Violine

貝斯

Bass

定音鼓

Pauke

鼓

Trommeln

電子琴

Keyboard

薩克斯風

Saxophon

長笛

Flöte

麥克風

Mikrofon

動物園

Zoo

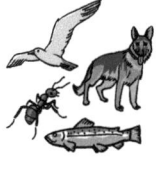

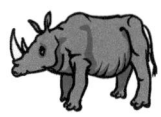

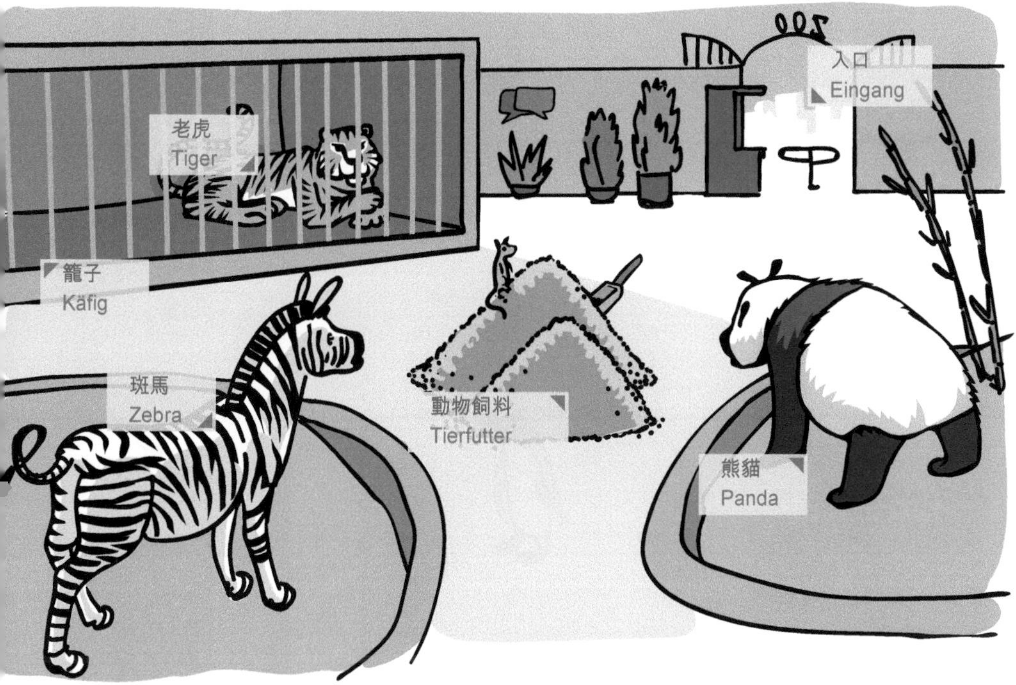

老虎
Tiger
入口
Eingang
籠子
Käfig
斑馬
Zebra
動物飼料
Tierfutter
熊貓
Panda

動物

Tiere

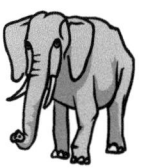

大象

Elefant

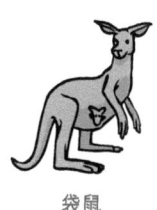

袋鼠

Känguru

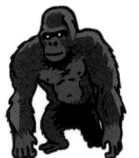

犀牛

Nashorn

大猩猩

Gorilla

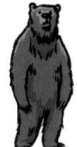

熊

Bär

駱駝

Kamel

鴕鳥

Strauß

獅子

Löwe

猴子

Affe

紅鶴

Flamingo

鸚鵡

Papagei

北極熊

Eisbär

企鵝

Pinguin

鯊魚

Hai

孔雀

Pfau

蛇

Schlange

鱷魚

Krokodil

動物園管理員

Zoowärter

海豹

Robbe

美洲豹

Jaguar

矮種馬
Pony

豹
Leopard

河馬
Nilpferd

長頸鹿
Giraffe

老鷹
Adler

野豬
Wildschwein

魚
Fisch

龜
Schildkröte

海象
Walross

狐狸
Fuchs

羚羊
Gazelle

橢欖球
American Football

騎腳踏車
Radfahren

網球
Tennis

籃球
Basketball

游泳
Schwimmen

拳擊
Boxen

冰球
Eishockey

美式足球
Fußball

羽毛球
Badminton

田徑
Leichtathletik

手球
Handball

滑雪
Skilaufen

馬球
Polo

跳
springen

擁抱
umarmen

笑
lachen

走路
gehen

唱
singen

祈禱
beten

親吻
küssen

做夢
träumen

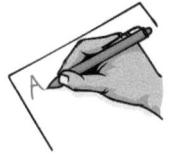

書寫

schreiben

畫

zeichnen

展示

zeigen

推

drücken

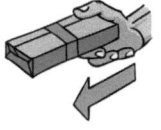

給

geben

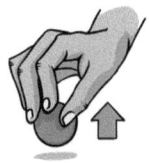

拿

nehmen

有
haben

做
tun

當
sein

站
stehen

跑
laufen

拉
ziehen

丟
werfen

摔倒
fallen

躺
liegen

等待
warten

攜帶
tragen

坐
sitzen

穿衣
anziehen

睡覺
schlafen

醒來
aufwachen

看
ansehen

哭
weinen

擊
streicheln

梳頭
kämmen

交談
reden

明白
verstehen

問
fragen

聽
hören

喝
trinken

吃
essen

清理
aufräumen

愛
lieben

做飯
kochen

開車
fahren

飛
fliegen

航行

segeln

計算

rechnen

讀

lesen

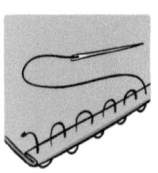

學習

lernen

工作

arbeiten

結婚

heiraten

縫

nähen

刷牙

Zähne putzen

殺

töten

抽菸

rauchen

寄

senden

家
Familie

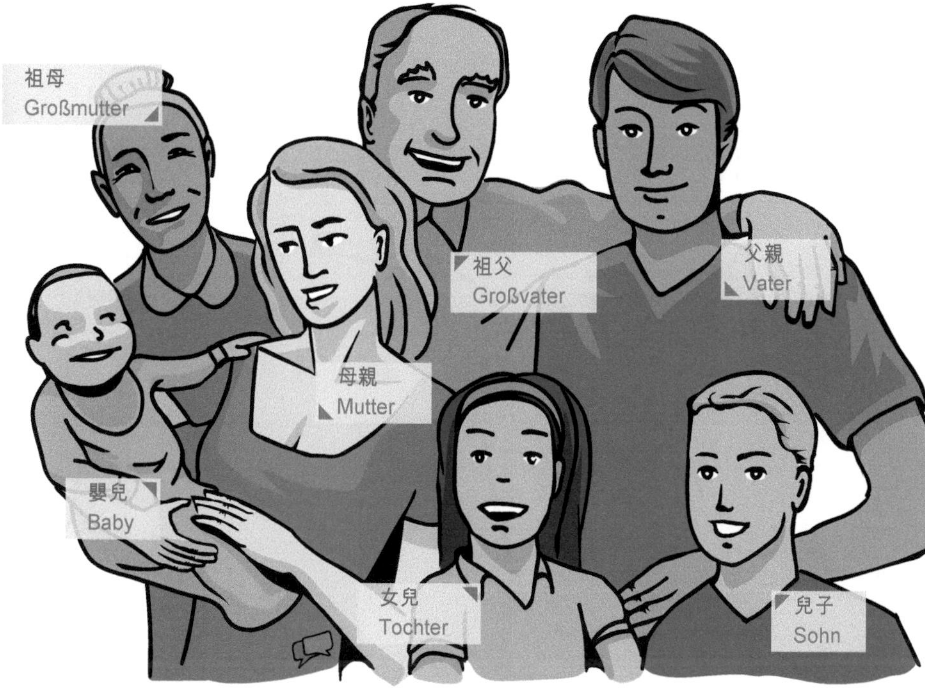

祖母
Großmutter
祖父
Großvater
父親
Vater
母親
Mutter
嬰兒
Baby
女兒
Tochter
兒子
Sohn

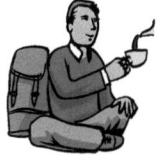

客人

Gast

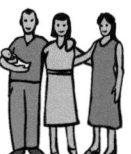

阿姨

Tante

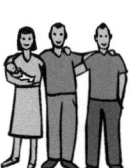

叔叔

Onkel

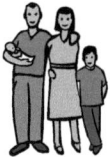

兄弟

Bruder

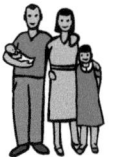

姐妹

Schwester

Körper

眼睛
Auge

前額
Stirn

肩膀
Schulter

臉
Gesicht

手指
Finger

下巴
Kinn

手
Hand

乳房
Brust

腿
Bein

手臂
Arm

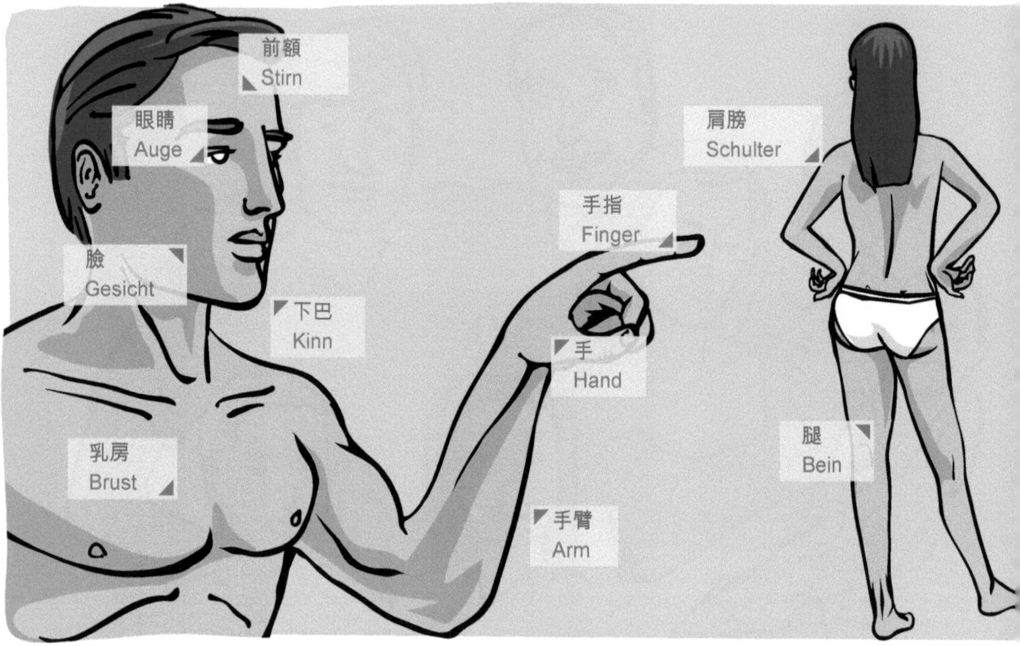

嬰兒

Baby

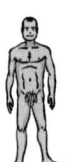

男人

Mann

女人

Frau

女孩

Mädchen

男孩

Junge

頭

Kopf

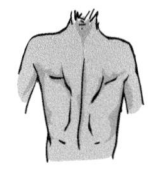

背部
Rücken

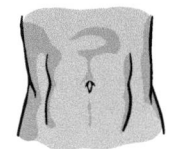

肚子
Bauch

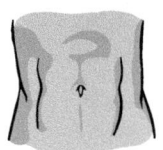

肚臍
Nabel

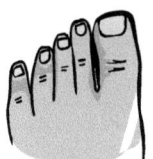

腳趾
Zeh

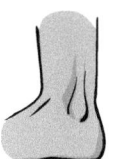

腳後跟
Ferse

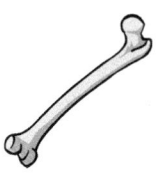

骨頭
Knochen

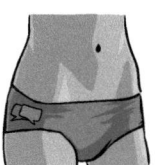

臀部
Hüfte

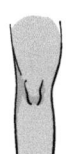

膝蓋
Knie

手肘
Ellenbogen

鼻子
Nase

屁股
Gesäß

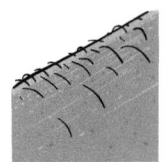

皮膚
Haut

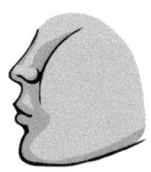

臉頰
Wange

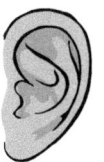

耳朵
Ohr

嘴唇
Lippe

嘴
Mund

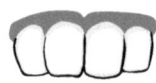

牙齒
Zahn

舌頭
Zunge

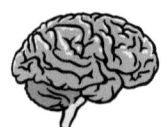

腦
Gehirn

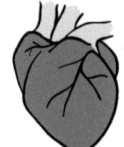

心臟
Herz

肌肉
Muskel

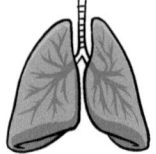

肺
Lunge

肝臟
Leber

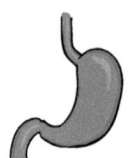

胃
Magen

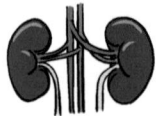

腎臟
Nieren

性交
Geschlechtsverkehr

保險套
Kondom

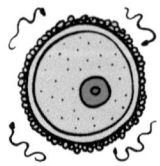

卵子
Eizelle

精子
Sperma

懷孕
Schwangerschaft

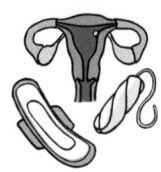

月事
Menstruation

陰道
Vagina

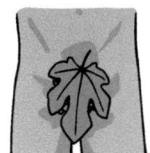

陰莖
Penis

眉毛
Augenbraue

頭髮
Haar

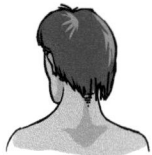

脖子
Hals

醫院

Krankenhaus

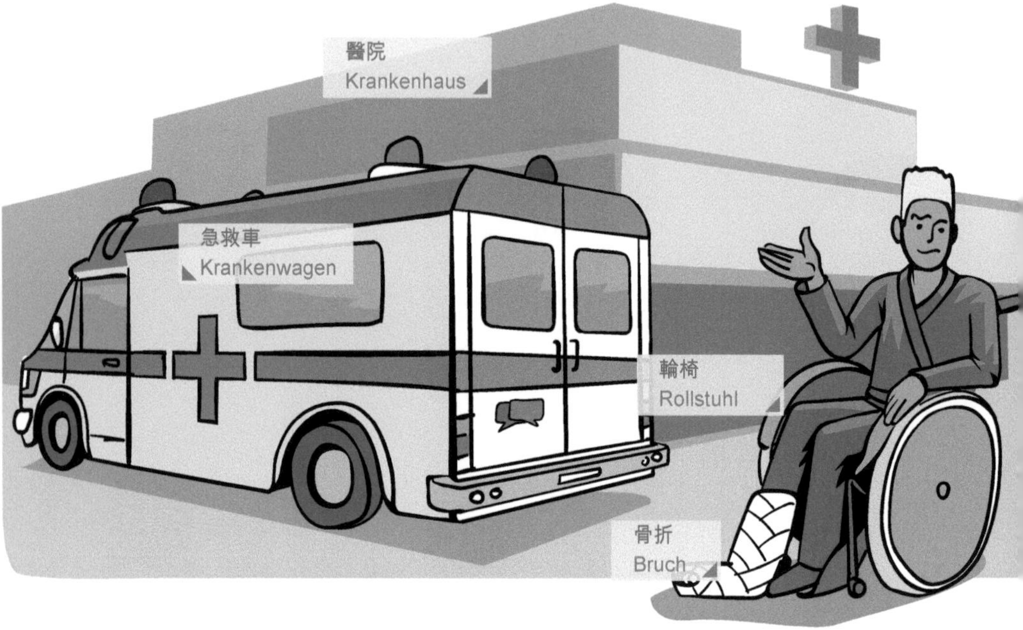

醫院
Krankenhaus
急救車
Krankenwagen
輪椅
Rollstuhl
骨折
Bruch

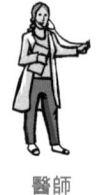

醫師

Arzt

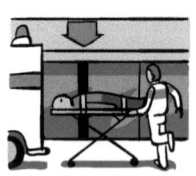

急診室

Notaufnahme

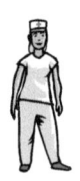

護理師

Krankenschwester

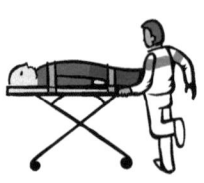

緊急情形

Notfall

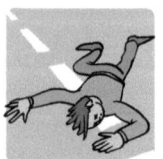

昏迷

ohnmächtig

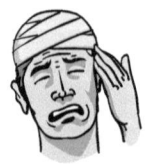

痛

Schmerz

受傷
Verletzung

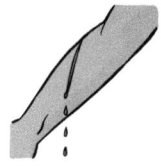

出血
Blutung

心臟病發作
Herzinfarkt

中風
Schlaganfall

過敏
Allergie

咳嗽
Husten

發燒
Fieber

流感
Grippe

腹瀉
Durchfall

頭痛
Kopfschmerzen

癌症
Krebs

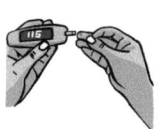

糖尿病
Diabetis

外科醫師
Chirurg

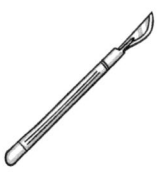

手術刀
Skalpell

手術
Operation

電腦斷層掃描
CT

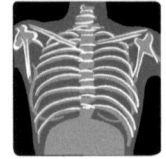

X光
Röntgen

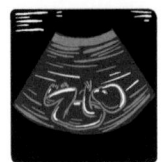

超音波
Ultraschall

口罩
Maske

疾病
Krankheit

候診室
Wartezimmer

拐杖
Krücke

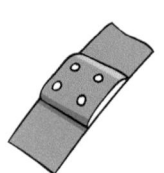

石膏
Pflaster

繃帶
Verband

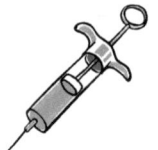

注射
Injektion

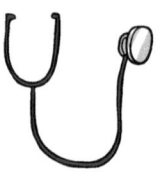

聽診器
Stethoskop

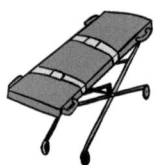

擔架
Trage

體溫計
Thermometer

出生
Geburt

超重
Übergewicht

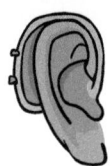

助聽器

Hörgerät

消毒液

Desinfektionsmittel

感染

Infektion

病毒

Virus

愛滋病

HIV / AIDS

藥物

Medizin

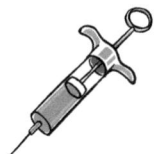

接種疫苗

Impfung

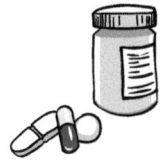

藥片

Tabletten

藥丸

Pille

急救電話

Notruf

血壓計

Blutdruck-Messgerät

生病/健康

krank / gesund

救命！

Hilfe!

突擊

Überfall

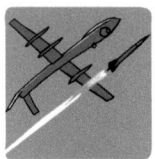

攻擊

Angriff

危險

Gefahr

緊急出口

Notausgang

警報

Alarm

失火了！

Feuer!

滅火器

Feuerlöscher

意外

Unfall

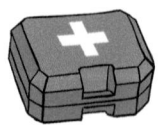

急救箱

Erste-Hilfe-Koffer

呼救訊號

SOS

員警

Polizei

歐洲

Europa

北美洲

Nordamerika

南美洲

Südamerika

非洲

Afrika

亞洲

Asien

澳洲

Australien

大西洋

Atlantik

太平洋

Pazifik

印度洋

Indischer Ozean

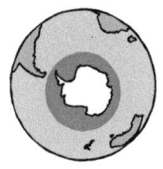

南冰洋

Antarktischer Ozean

北冰洋

Arktischer Ozean

北極

Nordpol

南極
Südpol

南極洲
Antarktis

地球
Erde

陸地
Land

海
Meer

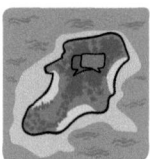

島
Insel

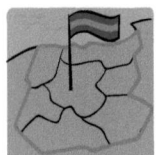

國家
Nation

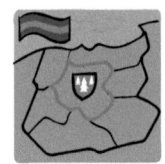

州
Staat

錶盤

Zifferblatt

時針

Stundenzeiger

分針

Minutenzeiger

秒針

Sekundenzeiger

現在幾點？

Wie spät ist es?

天

Tag

時間

Zeit

現在

jetzt

電子錶

Digitaluhr

分

Minute

時

Stunde

週

Woche

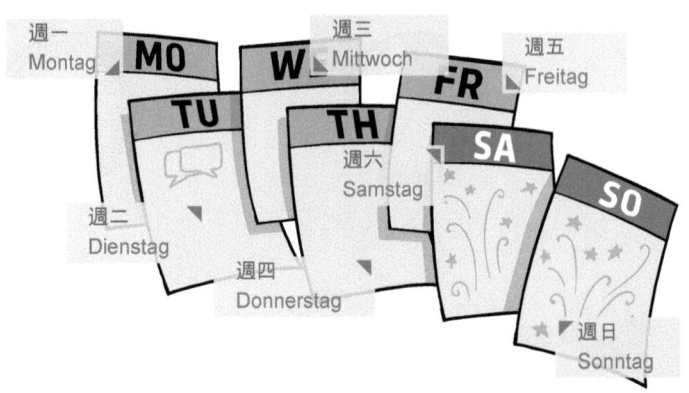

週一 Montag — MO
週三 Mittwoch — W
週五 Freitag — FR
TU
週二 Dienstag
TH
週四 Donnerstag
SA
週六 Samstag
SO
週日 Sonntag

昨天
gestern

今天
heute

明天
morgen

早晨
Morgen

中午
Mittag

晚上
Abend

工作日
Arbeitstage

週末
Wochenende

雨
Regen

彩虹
Regenbogen

風
Wind

雪
Schnee

春
Frühling

夏
Sommer

秋
Herbst

冬
Winter

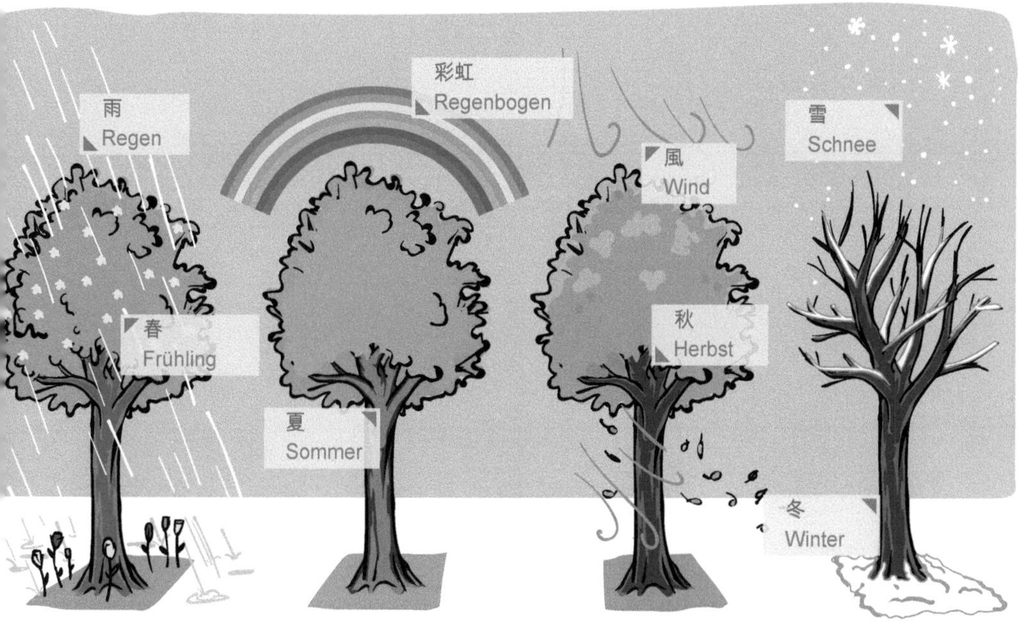

天氣預告

Wettervorhersage

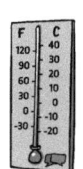

溫度計

Thermometer

陽光

Sonnenschein

雲

Wolke

霧

Nebel

潮濕

Luftfeuchtigkeit

閃電
Blitz

打雷
Donner

風暴
Sturm

冰雹
Hagel

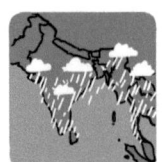

季風
Monsun

洪水
Flut

冰
Eis

一月
Januar

二月
Februar

三月
März

四月
April

五月
Mai

六月
Juni

七月
Juli

八月
August

年 - Jahr

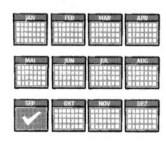

九月
....
September

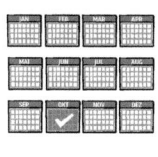

十月
....
Oktober

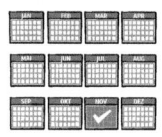

十一月
....
November

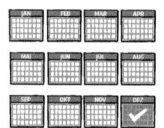

十二月
....
Dezember

圓形
....
Kreis

正方形
....
Quadrat

長方形
....
Rechteck

三角形
....
Dreieck

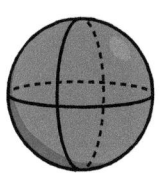

球體
....
Kugel

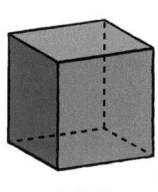

立方體
....
Würfel

白

weiß

黃

gelb

橙

orange

粉

pink

紅

rot

紫

lila

藍

blau

綠

grün

棕

braun

灰

grau

黑

schwarz

很多/少許

viel / wenig

生氣/平靜

wütend / friedlich

美/醜

hübsch / hässlich

首/尾

Anfang / Ende

大/小

groß / klein

明/暗

hell / dunkel

兄弟/姐妹

Bruder / Schwester

乾淨/骯髒

sauber / schmutzig

完整/缺失

vollständig / unvollständig

白天/晚上

Tag / Nacht

死/生

tot / lebendig

寬/窄

breit / schmal

可食用/非食用

genießbar / ungenießbar

邪惡/善良

böse / freundlich

興奮/無聊

aufgeregt / gelangweilt

胖/瘦

dick / dünn

第一/最後

zuerst / zuletzt

朋友/敵人

Freund / Feind

滿/空

voll / leer

硬/軟

hart / weich

重/輕

schwer / leicht

餓/渴

Hunger / Durst

生病/健康

krank / gesund

非法/合法

illegal / legal

聰明/愚笨

intelligent / dumm

左/右

links / rechts

近/遠

nah / fern

新/舊

neu / gebraucht

沒有/有些

nichts / etwas

老/幼

alt / jung

開/關

an / aus

打開/闔上

offen / geschlossen

安靜/吵鬧

leise / laut

富/窮

reich / arm

對/錯

richtig / falsch

粗糙/光滑

rau / glatt

傷心/高興

traurig / glücklich

短/長

kurz / lang

慢/快

langsam / schnell

濕/乾

nass / trocken

溫暖/涼爽

warm / kühl

戰爭/和平

Krieg / Frieden

0

零

null

1

一

eins

2

二

zwei

3

三

drei

4

四

vier

5

五

fünf

6

六

sechs

7

七

sieben

8

八

acht

9

九

neun

10

十

zehn

11

十一

elf

12
十二
zwölf

13
十三
dreizehn

14
十四
vierzehn

15
十五
fünfzehn

16
十六
sechzehn

17
十七
siebzehn

18
十八
achtzehn

19
十九
neunzehn

20
二十
zwanzig

100
百
hundert

1.000
千
tausend

1.000.000
百萬
million

英語

Englisch

美式英語

Amerikanisches Englisch

普通話

Chinesisch Mandarin

印地語

Hindi

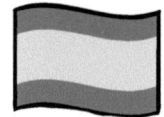

西班牙語

Spanisch

法語

Französisch

阿拉伯語

Arabisch

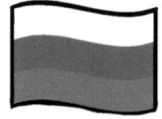

俄語

Russisch

葡萄牙語

Portugiesisch

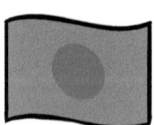

孟加拉語

Bengalisch

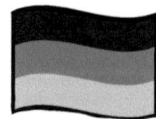

德語

Deutsch

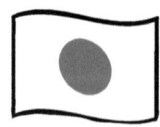

日語

Japanisch

我

ich

你

du

他/她/它

er / sie / es

我們

wir

你們

ihr

他們

sie

誰？

wer?

什麼？

was?

如何？

wie?

何處？

wo?

何時？

wann?

名字

Name

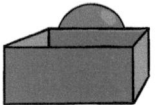

後面

hinter

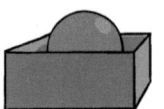

裡面

in

前面

vor

上方

über

上面

auf

下麵

unter

旁邊

neben

中間

zwischen

地點

Ort